BEI GRIN MACHT SICH IHR
WISSEN BEZAHLT

- Wir veröffentlichen Ihre Hausarbeit,
  Bachelor- und Masterarbeit

- Ihr eigenes eBook und Buch -
  weltweit in allen wichtigen Shops

- Verdienen Sie an jedem Verkauf

Jetzt bei www.GRIN.com hochladen
und kostenlos publizieren

Wechseln eines Nockenwellensensors (Unterweisung KFZ-Mechatroniker)

Daniel Steffen

Bibliografische Information der Deutschen Nationalbibliothek:

Die Deutsche Nationalbibliothek verzeichnet diese Publikation in der Deutschen Nationalbibliografie; detaillierte bibliografische Daten sind im Internet über http://dnb.d-nb.de abrufbar.

ISBN: 9783346180773
Dieses Buch ist auch als E-Book erhältlich.

© GRIN Publishing GmbH
Nymphenburger Straße 86
80636 München

Alle Rechte vorbehalten

Druck und Bindung: Books on Demand GmbH, Norderstedt Germany
Gedruckt auf säurefreiem Papier aus verantwortungsvollen Quellen

Das vorliegende Werk wurde sorgfältig erarbeitet. Dennoch übernehmen Autoren und Verlag für die Richtigkeit von Angaben, Hinweisen, Links und Ratschlägen sowie eventuelle Druckfehler keine Haftung.

Das Buch bei GRIN: https://www.grin.com/document/544612

Entwurf für die
Unterweisung Kfz -
Mechatroniker / in

Wechsel des Steckers
vom
Nockenwellensensor

Schwerpunkt:
Mechatronik/
Motortechnik

1. Persönliche Angaben

1.1 PERSÖNLICHE ANGABEN DES AUSZUBILDENDEN

Alter: _____ 18

Schulbildung: _____ Hauptschule

Ausbildungsberuf: _____ KFZ-Mechatroniker

Ausbildungsjahr: _____ 1. Lehrjahr

1.2 SOZIOLOGISCHE SITUATION DES AUSZUBILDENDEN:

Der Auszubildende befindet sich im 1. Ausbildungsjahr. Er erwarb vor einigen Monaten sein Schulabschluss. Dieser ist immer freundlich und sehr zuvorkommend anderen Mitarbeitern und Kunden gegenüber

Der Auszubildende hat eine gute Auffassungsgabe und bemüht sich, die Tätigkeiten gewissenhaft auszuführen und versucht kleinere Arbeiten eigenständig durchzuführen.

In den praktischen Übungen hat sich gezeigt, dass der Auszubildende durch Vormachen und Erklären die einzelnen Zusammenhänge besser versteht und erkennt, um sie anschließend in der Praxis umsetzen zu können.

Aus diesem Grund habe ich die **Vier-Stufen-Methode gewählt**, um einen größtmöglichen Lernerfolg bei ihm zu erzielen.

Der Auszubildende wurde bereits zum Thema im Betrieb unterwiesen und besitzt dadurch theoretische und auch einige Praktische Vorkenntnisse.

1.3 ENTWICKLUNGSSTUFE DES AUSZUBILDENDEN

Der Auszubildende Ist sehr aufgeschlossen gegenüber anderen Auszubildenden und dem Ausbilder. Er ist groß und hat eine normale Statur. Nach außen wirkt der Auszubildende immer etwas gelassen und ist eher ruhig.

1.4 AUSBILDUNGSSITUATION DES AUSZUBILDENDEN:

Der Auszubildende führt die ihm gestellten Aufgaben zuverlässig und mit sehr viel Konzentration sauber und motiviert aus.

Der Auszubildende hat bereits Vorkenntnisse aus früheren Übungen sowie der Berufsschule. Er kann die Verschiedenen Werte entsprechend beurteilen und einordnen.

1.5 BEDEUTUNG FÜR DEN BERUF

Die Bedeutung für den Beruf ist eine sehr wichtige. In dem Rahmenlehrplan sind folgende Punkte aufgeführt.

Der Auszubildende muss mit seinen Handwerkszeug entsprechend umgehen können. Des Weiteren muss er dieses sicher beherrschen.

Der betriebliche Ausbildungsplan ist nach den sachlichen und zeitlichen Vorgaben des Ausbildungsrahmenplan erstellt wurden.

Damit dem Auszubildenden die Nervosität genommen wird und es sehr praxisnah ist, findet die Unterweisung in der Werkstatt statt. Mittwochmorgen gegen 09:00Uhr erfolgt die Unterweisung. Es ist medizinisch erwiesen zu diesem Zeitpunkt die Leistungsfähigkeit am höchsten ist.

Für diese Unterweisung habe ich mich für die **Vier-Stufen-Methode** entschieden da diese Methode sich in fast jedem Fall praxisnah anwenden lässt und die logische denkfolge des Menschen berücksichtigt.

Andere Methoden wie die Leittextmethode können den Auszubildenden überfordern Des Weiteren ist die Sechs-Stufen-Methode sehr zeitintensiv und kann daher nicht im Rahmen von Kundenarbeit etc. angewendet werden.

Für eine Unterweisung gibt es laut Handwerker Fibel vier Methoden:

- Drei-Stufen-Methode

- **Vier-Stufen-Methode**

- Sech-Stufen-Methode

- Leittextmethode

2. Didaktische Analyse

Vier-Stufen-Methode:

1. Stufe: Vorbereitung und Motivieren des Auszubildenden

               - Begrüßung durch den Ausbilder

               - Vorstellen der Person

               - Bekanntgabe des Unterweisungsthemas und des Zieles

               - Wissenstand ermitteln z.B. UVV

                                                      ca. 2 min

2. Stufe: Vormachen und Erklären durch den Ausbilder

               - Durchzuführende Arbeiten erläutern

                                                      ca. 4 min

3. Stufe: Nachmachen und erklären lassen durch den Auszubildenden

               - Selbstständiges Vormachen

                                                      ca. 6 min

4. Stufe: Üben und Festigen des Gelernten

               - Im Anschluss der Unterweisung eigenständiges Arbeiten

               - Auswertung durch den Ausbilder und Verteilen

                                                      ca. 7 min

Für das Lehren von einfachen Fertigkeiten in der Handhabung ist das Vorgehen der einzelnen Arbeitsschritte sehr vorteilhaft. Der Auszubildende steht hierbei neben dem Ausbilder und achtet auf den entsprechenden Schritte.

In den einzelnen Teilschritten z.B. die Abdeckung der Verkleidung bekommt der Auszubildende diese genau von dem Ausbilder begründet. (Was?, Wie?, Warum?)

Das anschließende Üben veranlasst einen nachhaltigen Lernerfolg und der Auszubildende wird zusätzlich motiviert

Durch die Vier-Stufen-Methode wird in kürzester Zeit viel Inhalt vermittelt

2.2 ZIELKLARHEIT

Voraussetzung für die Unterweisung ist die Zielklarheit, die durch eine klare und konkrete Formulierung der Lernziele erreicht werden kann. Nach der durchgeführten Unterweisung, soll der Auszubildende in der Lage sein, dass Gewinde selbstständig nachzuarbeiten.

2.2.1 RICHTZIELE (MAKROZIEL):

Erlernen von Kenntnissen und Fähigkeiten aus dem Ausbildungsberuf. Planen und organisieren der Arbeit und Bewerten der Ergebnisse. Das Richtziel ist für die Vermittlung von Fertigkeiten und Kenntnissen der entsprechenden Arbeit.

2.2.2 GROBLERNZIEL:

Der Auszubildende erlangt Kenntnisse und Fähigkeiten im Bereich:

Wie er unter Einhaltung von UVV sowie Qualitätsmerkmalen die Übung richtig durchführt. Des Weiteren ist er in der Lage, Prüfverfahren auszuwählen und anzuwenden.

2.2.3 FEINLERNZIEL (MICROZIEL):

Hierbei werden dem Auszubildenden spezielle Kenntnisse vermittelt, um diese bei Störungen, Mängeln sowie Fehler zu erkennen. Dieses Lernziel gilt als erreicht, wenn er die obengenannten Arbeitsschritte fehlerfrei durchgeführt hat und die Tätigkeiten nach der Unterweisung selbständig durchführen kann.

2.2.4 OPERATIONALISIERTES LERNZIEL:

Nach dieser Unterweisung ist der Auszubildende in der Lage, fachgerecht, fehlerfrei und selbstständig die Übung durchzuführen und die UVV Vorschriften zu beachten.

Für den Auszubildenden sind diese Fertigkeiten und Kenntnisse die hierbei erlangt werden sehr wichtig, damit er selbstständig und mit ein gewissen Maß Eigenverantwortung arbeiten kann. Dieses trägt einem großen Teil an Motivation und Eigenständigkeit bei.

2.3 LERNZIELBEREICHE: KOGNITIVE LERNZIELE, PSYCHOMOTORISCHE LERNZIELE, AFFEKTIVE LERNZIELE

2.3.1 KOGNITIVE LERNZIELE:

Bei diesem Lernziel soll der Auszubildende das Vorgehen beschreiben können. Einige Fehler die hierbei auftreten können sowie die Unfallverhütungsvorschriften UVV Maßnahmen soll der Auszubildende nennen und aufsagen.

Der Auszubildende:

- *kann beschreiben wie er die Arbeit eigenständig durchführt*

- *kann die Werkzeuge, das Material und die Hilfsmittel mit Namen nennen können*

- *Der Auszubildende soll geeignete Werkzeuge und Materialien für den jeweiligen Arbeitsschritt auswählen können*

2.3.2 PSYCHOMOTORISCHE LERNZIELE:

Lernziel ist es, dass der Auszubildende anhand der angeeigneten Kenntnisse sicher die Unterweisung durchführen kann.

2.3.3 AFFEKTIVE LERNZIELE:

Arbeitshinweise sowie die Vorschriften muss der Auszubildende beherrschen, um Fehler zu erkennen. Neben den fachlichen Vorschriften muss die entsprechende Sicherheitsvorschrift (UVV) beachtet werden.

Der Auszubildende

- *ist bereit sorgfältig sowie gewissenhaft die Arbeit abzuschließen*

- *ist bereit die Sicherheitsvorschriften (UVV) zu beachten und erkennt die Gefahren welche beim unsachgemäßen Umgang auftreten können.*

2.3.4 FASSLICHKEIT:

Es muss für die Auszubildenden die Anforderungen so gewählt werden, dass er sich nicht Über oder Unterfordert fühlt. Dieses kann schnell zu Misserfolgen und Langweile führen. Bei der Durchführung wird Übung erst langsam vorgeführt damit der Auszubildende diese genau beobachten kann und ggf. fragen stellen kann.

2.3.5 ERFOLGSSICHERUNG DER UNTERWEISUNG:

Durch ständiges Wiederholen der Übung wird dieses gefestigt, damit der Auszubildende in der Lage ist dieses Verfahren in praktischen Situationen anzuwenden.

2.3.6 SICHERUNG DES LERNERFOLGES

Damit der Lernerfolg getestet werden kann, wird dieser über einen kurzen Test abgefragt und der Lernstoff noch einmal gefestigt.

2.3.7 PRINZIP DER ANSCHAULICHKEIT

Es ist sehr wichtig die Anschaulichkeit von zu vermittelndem Wissen durchzuführen. Somit werden möglichst viele Sinne erreicht. Beim Lernen gibt es viele verschiedene Lerntypen, wie z.B. Personen die am besten durch Kommunikation lernen.

Lernkanal	Behaltens Quote
Hören	20%
Sehen und lesen	30%
Sehen und Lesen und Hören	50%
Sprechen	70%
Selbst tun	90%

2.3.8 MOTIVATION DES AUSZUBILDENDEN

Den Auszubildenden wird erklärt, warum er die folgende Tätigkeit durchführt. Im wird vermittelt wie er mit den entsprechenden Hilfsmittel umzugehen hat und warum das erlernen so wichtig ist.

2.4 EINSATZ VON AUSBILDUNGSMEDIEN UND UNTERWEISUNGSMEDIEN

2.4.1 ARBEITSMATERIALIEN UND ARBEITSWERKZEUGE

Folgende Arbeitsmaterialien und Arbeitswerkzeuge werden benötigt:

- Pin-Wand
- Multimeter
- Stecker
- Zange
- Messer
- Schraubendreher
- Bürste
- Metaplan

2.4.2 EINGESETZTE UNTERWEISUNGSMEDIEN

- Modell
- Beamer
- Papier
- Merkblatt
- Stifte
- PC
- Zeichnung/Fotos
- Fehlerbildkatalog (Falscher Umgang)

2.4.3 ARBEITSSICHERHEIT

Der Auszubildende wir auf die Gefahren die im Betrieb an seinen Arbeitsplatz auftreten können hingewiesen. Diese Unterweisung kann mündlich sowie schriftlich durchgeführt werden und muss bei jeder neuen Arbeitsplatz wiederholt werden. In der Unterweisung müssen folgende Punkte angesprochen werden:

→ Wie wird die PSA (Persönliche Schutz Ausrüstung) angewendet

→ Ordnung und Sauberkeit

→ Achtsam sein mit scharfen Gegenständen

→ Ordnung und Sauberkeit

→ Achtsam sein mit scharfen Gegenständen

3. Praktische Durchführung der Unterweisung nach der Vier-Stufen-Methode

3.1 STUFE 1: VORBEREITUNG UND MOTIVATION DES AUSZUBILDENDEN

Zu Beginn der Unterweisung begrüßt der Prüfer nonverbal (Sprache) sowie Verbal (Berührung) den Auszubildenden freundlich. Nachdem der Kontakt zwischen Ausbilder sowie Auszubildenden hergestellt ist, teilt der Ausbilder dem Auszubildenden ein Praxisbeispiel mit.

Der Ausbilder fragt den Auszubildenden nach möglichen Ursachen, die vorliegen können. Der Ausbilder erklärt dem Auszubildenden im Vorfeld wichtige Grundlagen des Unfallschutzes und der Arbeitssicherheit, die während der Arbeit auftreten können. Bevor die Unterweisung beginnt, werden alle benötigten Utensilien ordentlich, übersichtlich und fachgerecht aufgebaut.

Nachdem alles geschehen ist, fragt der Ausbilder nach bereits vorhandenem Wissen in diesem Bereich. Um Anschluss wird der Arbeitsplatz entsprechend vorbereitet.

3.2 STUFE 2: VORMACHEN UND ERKLÄREN DURCH DEN AUSBILDER

Der Ausbilder führt dem Auszubildenden einzelne Arbeitsschritte langsam vor.

Vorgangstabelle:

Nr.	Was	Wie	Warum	Wer	Lernbereich
1	Begrüßung	Um angenehme Lernatmosphäre zu schaffen	Ängste zu nehmen	Ausbilder	-
2	Nennung der Aufgabe / Lernziel	Freundliches Gespräch	Interesse vom Azubi wecken	Ausbilder	
3	Fragen nach Vorkenntnissen	Freundliches Gespräch	Damit Vorkenntnisse berücksichtigt werden können	Ausbilder	
4	Beurteilung von Beispielbilder	Bilder von falschen Arbeitsschritten begutachten	Urteilsvermögen vom Azubi prüfen	Azubi	Kognitiv
5	Arbeitsplatz vorbereiten und Arbeitsmittel bereitstellen	Die gesamte umgäbe vorbereiten	Damit der Auszubildende ein klares Ziel vor Augen hat	Ausbilder	
6	Vorzeigen und Erklären der Arbeitsmittel	Alle Arbeitsmittel die benötigt werden aufzeigen	Bewusstsein für die Arbeitsmittel zu schaffen	Ausbilder	Affektiv
7	Vorkenntnisse ansprechen	Zum Thema ggf. Wiederholungsfragen stellen	Damit der aktuelle Wissensstand festgestellt wird	Ausbilder	Affektiv
8	Überblick dem Auszubildenden geben	Teilschritte aufzählen	Damit das Verständnis erleichtert wird	Ausbilder	Affektiv
9	Arbeitsmaterial bereit legen	Mit der Hand auf einen entsprechenden Arbeitstisch	Um sich einen Überblick zu verschaffen	Azubi	
10	Abdeckung entfernen	Abdeckung (Inbusschrauben lösen) entfernen	Um an die darunter liegenden Motorteile zu bekommen	Azubi	
11	Anschlusskabel prüfen	Per Sichtprüfung das Kabel inspizieren (evtl. Mängel am Kabel reparieren)	Mit einen entsprechenden Teflonisolierband da dieses hitzebeständig sein muss	Azubi	
12	Vorbereitung des Steckers	Stecker abziehen und alten Kabelsatz entnehmen	Um den neuen einbauen zu können	Azubi	
13	Zerlegen des Steckers	Kontakte mithilfe einen Schraubendrehers lösen sodass die Stecker frei liegen	Um den neuen Stecker anbauen zu können, müssen die alten Strecken entfernt werden	Azubi	

14	Schrumpfschlauch einsetzen	Ein strumpfschlauch einsetzen, um das Kabel vor Feuchtigkeit zu schützen	Damit keine Feuchtigkeit eindringen kann	Azubi	
15	Gummtülle anbringen	Mit der Hand die Gummitülle auf den Stecker setzen	Um den Stecker vor Feuchtigkeit zu schützen	Azubi	
16	Stecker anbringen	Stecker anbringen (Achtung! So lange drücken, bis die Verriegelung greift)	Um den Stecker anschließend wieder auf den Motor zu setzen	Azubi	
17	Stecker auf den Nockenwellensensor anstecken	Mit der Hand den Stecker auf den Sensor anbringen	Um die Funktion wiederherzustellen	Azubi	
18	Verkleidung anbringen	Inbusschrauben anziehen	Um das Fahrzeug wieder fahrtüchtig zu stellen	Azubi	

3.3 STUFE 3: NACHMACHEN UND ERKLÄREN LASSEN:

Der Auszubildende führt die Übung selbstständig durch und erklärt dem Ausbilder die entsprechenden Arbeitsschritte. Der Ausbilder beobachtet hierbei die Tätigkeit des Auszubildenden und steht bei Problemen und Fragen helfend zur Seite. Dem Auszubildenden sollte in dieser Stufe genügend Zeit eingeräumt werden, so dass er das gerade eben erlernte auch wieder gedanklich hervorrufen kann. Der Ausbilder sollte auch dem Auszubildenden die Gelegenheit geben eventuelle Fehler selber zu erkennen und zu berichtigen.

Bei einem Eingreifen in die Übungsphase, ob aus Sicherheitsgründen oder nicht erkannten Fehlerursachen des Auszubildenden, muss darauf geachtet werden den Auszubildenden nicht zu verunsichern.

3.4 STUFE 4: ÜBEN UND FESTIGEN DES GELERNTEN

Dem Auszubildenden wird in dieser Stufe Zeit gegeben, die einzeln durchgeführten Arbeitsschritte nochmals zu üben und zu festigen. Der Ausbilder befindet sich in der Nähe. Sollten Fragen oder Probleme auftreten steht er hilfreich zur Seite.

ERFOLGSKONTROLLEN

Bevor ich den Auszubildende zum eigenständigen Üben, von der Unterweisung entlasse, frühe ich eine Erfolgskontrolle durch. Diese ist sehr wichtig um festzustellen zu können, ob der Auszubildende auch wirklich alles richtig verstanden hat. Vor allem erfrage ich nach den UVV (Schutzhandschuhe und Schutzbrille) so kann ich erkennen ob er ihre Notwendigkeit verstanden hat.

ABSCHLUSSPHASE

In der Abschlussphase erfolgt ein Ausblick auf die nächste Unterweisung, um weitere Motivation für zukünftige Ausbildungsunterweisungen zu schaffen und Entwicklungsmöglichkeiten aufzuzeigen. Schließlich bedankt sich der Ausbilder für die die Mitarbeit, verabschiedet sich freundlich und beendet die Unterweisung.

3.5 MERKBLATT

Damit der Auszubildende die gelernte Übung besser nachvollziehen kann, kann man ein Merkblatt mit einigen Positionen erstellen.

Diese sollten einige Arbeitsschritte widerspiegeln (ähnlich wie eine Checkliste) an der der Auszubildende die Übung wiederholen kann.

Für diese Unterweisung sollten folgende Punkte rausgenommen werden:

- ☒ Abdeckung entfernen

- ☒ Kabel des Steckers prüfen

- ☒ ggf. muss das Kabel geflickt werden

- ☒ Stecker lösen

- ☒ Kontakte entfernen

- ☒ Kontakte in den neuen Stecker einsetzen

- ☒ Stecker anbringen / Verkleidung aufsetzen

Dieses Merkblatt kann der Auszubildende in seine Unterlagen für die Schule heften oder in das Berichtsheft sodass er immer die Übung nachschlagen kann.